ÉLOGE FUNÈBRE

de

M. L'ABBÉ J. HERVÉ,

CURÉ DE LA POTHERIE,

Prononcé dans l'église de la Potherie, le 16 mai 1854,

PAR M. L'ABBÉ L. LEVOYER,

DIRECTEUR DE L'INSTITUTION DE COMBRÉE.

Se vend 50 centimes,

Pour un monument à élever sur la tombe de M. Hervé.

ANGERS,

IMPRIMERIE DE LAINÉ FRÈRES, RUE SAINT-LAUD, 9.

Mai 1854.

Usque ad senectutem permansit illi virtus.

Sa vigueur se conserva jusque dans la vieillesse. (Paroles tirées de l'éloge de Caleb,
au livre de l'Ecclésiastique, XLVI, 11.)

—————

MESSIEURS ,

MES FRÈRES ,

A la vue du concours si nombreux et si empressé venu
aujourd'hui dans ce saint lieu , pour honorer la simple image
de la mort et prier autour d'un tombeau vide , nous nous rap-
pelons quelle foule encombrait déjà et le temple et la voie
publique, le jour où nous rendîmes à la terre la dépouille
mortelle d'un pasteur, d'un père, d'un ami, d'un modèle re-
gretté de tous et si digne de l'être; et un mouvement instinctif
met sur nos lèvres ces bénédictions : Heureux le pasteur qui a
pu mériter un si tendre et si honorable souvenir ! Heureux le
troupeau capable d'apprécier si dignement la vertu et la sainte
vie de son pasteur ! Oui, heureux êtes-vous, mes Frères , de

pouvoir montrer par cette manifestation solennelle de votre pieuse reconnaissance, que la parole et les exemples du vénérable prêtre, qui vous a édifiés si longtemps, ont donc fait du fruit parmi vous, puisque vos cœurs en gardent une si profonde gratitude. Mais heureux suis-je aussi moi-même, qui trouve dans le juste empressement de tant de dignes confrères et de tant de pieux fidèles, je ne dirai pas seulement un supplément à la faiblesse de mes paroles, mais une compensation pour l'absence à peu près complète de ce qu'on attendait de moi. Car ce que je vous apporte en ce moment, ce n'est point l'éloge funèbre que demandait votre piété. Non, cette tâche, que j'aurais été heureux de remplir, vu ma vénération profonde et ma respectueuse affection pour M. Hervé, eût exigé, pour ne rien dire des autres conditions, un repos d'esprit et des loisirs, qui ne m'ont point été laissés. La majesté du lieu et de la cérémonie m'interdit de vous entretenir plus longuement de ce qui me concerne. Que ce seul mot suffise donc pour diminuer, dans vos appréciations, une responsabilité qui autrement serait trop lourde pour mes épaules, et que doivent tout au moins partager ceux qui ont trop exigé de moi. J'avais, du reste, dans la vie si longue et si pleine de M. Hervé, un beau sujet d'éloge, et qui eût fourni, à d'autres plus libres et plus habiles que moi, une matière abondante de touchantes et salutaires réflexions, et même de traits éloquents. Vous le reconnaîtrez facilement à la simple et faible esquisse que je vais vous mettre sous les yeux.

Le Ciel avait prédestiné M. Hervé à être pour ses frères le modèle d'une vertu ferme et inébranlable, et les circonstances mêmes de sa naissance ne semblent pas indifférentes dans le plan de cette divine prédestination. En effet, il naquit à Montrevault, dans les Mauges, le 8 mai 1765, et ses père et mère avaient leur domicile dans la paroisse de Saint-Martin-de-Beaupreau. Il reçut donc le jour et il fit ses premiers pas dans la vie, à l'époque et au pays qui virent naître les Machabées français, ces héros au cœur indomptable et au front de diamant, avec lesquels, toutefois après des malheurs inouïs, les pouvoirs publics devenus plus intelligents, reconnurent qu'il était juste et prudent de savoir compter, et dont les sublimes efforts préparèrent ainsi, pour notre France, le rétablissement des autels, devant lesquels nous prions. Le tendre souvenir, que, toute notre vie, nous conservons de notre lieu natal et de nos premières impressions, montre assez, par lui seul, que, dans les vues de Dieu, ce qui se passe autour de notre berceau peut influer sur toute notre carrière.

M. Hervé, encore très-jeune enfant, entra à la Psallette de Beaupreau, en qualité d'enfant de chœur du chapitre de Sainte-Croix. Là, apparemment, il fit ses études ; mais là, sans doute aussi, commença à se développer dans son cœur cet amour de la maison sainte et des pompes sacrées, qui fut un des traits saillants de sa piété, et dont ici, pour la consolation de vos âmes et l'édification de toute la contrée, la décoration du temple et le culte saint portent l'empreinte profonde.

Il ne paraît pas que ce Samuel, voué au Seigneur dès ses plus tendres années, ait jamais hésité dans ses voies, et la première impulsion, qui le dirigea vers le sanctuaire, ne cessera point son action sur lui avant qu'il en ait franchi le seuil. Enfant, elle lui ouvrit la porte d'une école presbytérale ; jeune homme, elle lui ouvre celle d'un séminaire. Dans cet acte important de sa vie, M. Hervé se trouva heureusement secondé et protégé par une haute et pieuse dame, dont le nom, dans les annales de notre pays , se rencontre souvent à côté d'un autre nom doux et vénéré, auquel une plume habile et exercée [1] vient d'attacher dernièrement une nouvelle consécration d'impérissable souvenir. Mme la maréchale d'Aubeterre, qu'on ne nomme ou qu'on n'entend jamais nommer, sans se rappeler un des plus tendres et des plus vertueux amis de l'enfance, le vénérable M. Mongazon, avait obtenu pour le jeune Hervé une nomination au séminaire Saint-Louis, à Paris. Celui-ci y entra, et ne doutons pas qu'à l'époque où l'on était alors, son entrée et son séjour dans une maison ecclésiastique de Paris, cet arsenal de la révolution, n'aient dû être pour lui, dans les vues de Dieu, une onction toute particulière pour les combats qui se préparaient. En effet, déjà les nuages s'amoncelaient, et l'on frémissait en entendant gronder sourdement à l'horizon l'orage qui approchait par degrés. Déjà même on en était aux premiers éclats de la foudre, quand M. Hervé ordonné diacre quitta le séminaire, pour se rendre au collége de Beaupreau.

Dès ce moment, mes Frères, s'ouvrait pour l'Eglise de France l'ère des catacombes, de l'exil et de la mort. La lampe du sanctuaire ne devait pas s'éteindre entièrement dans notre pays ; mais elle n'allait y brûler que dans les tombeaux. Epoque de sang et de ruines ; mais néanmoins époque glorieuse et féconde ! Il y a plus de vingt ans, un orateur distingué, qui avait eu longtemps son domicile sur les champs de bataille [2], rappelant un jour, dans l'une de nos tribunes politiques, ces luttes gigantesques, qui, à la fin du dernier siècle, et au commencement de celui-ci, avaient procuré tant de gloire à nos

---

[1] M. l'abbé H. Bernier. Notice historique sur le Collége de Beaupreau.

[2] Le général Lamarque.

soldats, exaltait avec transport les privations et la pauvreté, auxquelles avait dû se résigner quiconque, dans ces temps, faisait le métier de la guerre ; alors, s'écriait-il, l'épaulette de général était de laine ! Or, Messieurs, ce luxe de privation et de pauvreté efface-t-il, égale-t-il le luxe de misères et de tribulations, dans lequel, à la fin du dernier siècle, ont vécu tant de prêtres, préférant endurer tous les maux, plutôt que d'abandonner ce que nul intérêt ne doit jamais faire trahir, Dieu et la conscience ? Et si un soldat peut s'enflammer, en pensant au dévouement dont les braves sont capables, nous prêtres, n'aurions-nous qu'une admiration froide pour ceux de nos frères aînés, ou de nos pères, qui n'ont pu conserver inviolable l'honneur de leur sacerdoce, que par le sacrifice de toutes les aises de la vie, par celui de leur sécurité, par la perte de leurs biens et de leur liberté, et souvent même par l'échafaud et la mort ? Ah ! généreux défenseurs de la liberté sacerdotale, que le ciel soit béni, pour nous avoir fait vivre avec ceux d'entre vous, qui survivaient à ces grandes épreuves ! Nous avons pu ainsi nous inspirer de leurs pensées et de leurs sentiments, et en contemplant ces restes de l'exil et de l'échafaud, ces bras qui avaient porté des chaînes pour l'amour du maître divin, apprendre nous-mêmes, à cette vue, l'inflexibilité dans la foi et le devoir.

Or, mes Frères, le pasteur dont nous célébrons en ce moment la pieuse mémoire, et à qui a été confié si longtemps le précieux dépôt de vos âmes, avait traversé ces temps de feu avec une fidélité intrépide et agissante. Nous l'avons vu recevoir l'ordre du diaconat, quitter le séminaire et rentrer dans son pays, au commencement des grandes perturbations religieuses et politiques. Cependant les besoins des âmes l'appelaient à se

munir de la plénitude du pouvoir sacré, et il n'eût pu se faire
à les voir périr d'inanition sous ses yeux, sans pouvoir leur
appliquer tous les remèdes célestes. Il songea donc à se faire
ordonner prêtre. Mais la persécution s'étendait, s'acharnait à
anéantir, autant qu'il lui était possible, les ressources spiri-
tuelles. Dans ces jours la vérité et la justice étaient forcées de
se tenir cachées dans les ténèbres, et pour recevoir une imposi-
tion des mains qui fût innocente et digne, il fallait se dérober
aux regards comme un malfaiteur ; car on était en 1792 ! Quel
temps, Messieurs, et quelle date ! Mais le zèle qu'inspire la vraie
foi sait tout braver. M. Hervé retourne à Paris. Là, échappant
à une surveillance ombrageuse et impie, et se glissant dans
l'ombre, à la façon de tous ceux qui alors conspiraient pour le
ciel contre l'enfer, il gagne, à l'aide d'un mot du guet donné
par les frères, un sanctuaire secret où l'attendait un Pontife
selon le cœur de Dieu, le saint et fameux évêque de Clermont.
C'était ce prélat, qui dans l'Assemblée constituante, lors de la
discussion sur la Constitution civile du clergé, avait effrayé et
interdit un moment la Révolution elle-même, en faisant entendre des paroles semblables, dit un historien [1], aux paroles
prophétiques des mourants. Or telle fut la source bénie et féconde d'où l'onction sacerdotale coula sur M. Hervé ; et il la
reçut conjointement avec un autre lévite, qui, lui aussi, devait
porter le poids des jours mauvais, M. l'abbé Soyer, depuis
évêque de Luçon, et mort seulement depuis peu d'années,
après un long et glorieux épiscopat.

Ainsi enrichi d'un surcroît de force pour les saints combats,
notre généreux athlète, le cœur plein d'une sainte ardeur, revit

---

[1] Ch. Lacretelle. Hist. de France, liv. 5ᵉ.

Beaupreau, le théâtre de ses premiers exercices. Mais il lui fallait, autant que possible, cacher le trésor céleste et garder le secret de son ordination. D'ailleurs les ruines se multipliaient, et le collége de Beaupreau ayant été détruit, M. Hervé, par suite de circonstances que j'ignore, fut appelé au diocèse de la Rochelle, pour y gouverner la paroisse de la Roche-Tréjoux. Là, jetant un triste regard sur les paroisses abandonnées du Poitou, et, à cette vue, sentant son cœur se consumer de ce dépit, que les saints connaissent, il revint en hâte à Beaupreau, où, s'adressant aux prêtres qui étaient encore en assez grand nombre en cette ville : « Que faites-vous ici, leur dit-il, mes pères et mes » frères ? Ici les secours célestes sont encore abondants, tandis » qu'au loin la vigne du Seigneur est en friche, ses murs sont » renversés et les bêtes sauvages la dévastent. Ah ! venez avec » moi, je vous montrerai des lieux où, jusqu'à ce jour, Rachel » pleure ses enfants, sans que personne la console. » — « Mon » enfant, » lui répondit, frappé de son assurance, un des anciens entre les prêtres auxquels il s'était adressé, le vénérable M. Chiron, dont, parmi vous, Messieurs, le souvenir est encore plein de vie, « mon enfant, êtes-vous un Daniel pour » parler de la sorte ? Néanmoins, si vous croyez que le ciel » vous inspire, ayez confiance et continuez de parler sans » crainte. » Il continua en effet de parler, et il le fit avec tant de persuasion, qu'il emmena dans le Poitou et son respectable interlocuteur et d'autres prêtres encore.

Dieu nous ménageait dans les vertueux confrères qui suivirent alors M. Hervé, des témoins fidèles du bien qu'il fit dans ces contrées. Pour notre compte, nous tenons presque tous ces détails d'un prêtre, que le clergé du canton de Candé est heureux de voir à sa tête, et dont les souvenirs, en ce qui touche aux choses de la religion , servent admirablement et le cœur et la foi. Or ce vénérable prêtre a recueilli lui-même de la bouche des collaborateurs de M. Hervé, dans le Poitou et l'Aunis, les récits les plus édifiants sur les succès de son zèle. Dans la paroisse de la Roche-Tréjoux , mi-partie composée de protestants, telle fut l'influence de la sainteté manifeste de sa vie , de la solidité de son esprit et de son enseignement , de l'onction de sa parole et de l'aménité de son caractère , que, nouveau François de Sales , il eût, dit-on, converti à la foi tous les dissidents , si la violence ne l'eût chassé de ce lieu , et si la voix du ciel , qui se fit entendre par des circonstances impérieuses , ne l'eût appelé à suivre les domestiques de la Foi (Galat. vi , 10), parmi des périls plus solennels.

La grande armée vendéenne se levait, *Armée de Géants ,* comme s'exprimait plus tard un homme dont les appréciations sur un tel objet étaient justes et sûres, Napoléon Ier [1]. Mais gardons-nous de rejeter , sur le compte d'une exaltation quelconque de l'imagination , la détermination prise par tant d'ecclésiastiques de suivre la grande armée. Il est naturel que le pasteur suive son troupeau ; or les paroisses rurales de la Vendée étaient alors tout entières sur les champs de bataille. M. Hervé suivit donc constamment la grande armée vendéenne, en qualité d'aumônier. Raconter son histoire durant cette époque de sa vie , ce serait simplement remettre sous vos yeux ce que les siens ne cessèrent point de voir alors , c'est-à-dire , des scènes de carnage et de deuil, ce serait raconter des alarmes et des dangers incessants, des privations et des rigueurs de toute nature , et , parmi tant de souffrances de l'âme et du corps,

---

[1] Poujoulat. Hist. de la Rév., t. 2, ch. 18.

vous montrer un ministère spirituel mis, avec un zèle scrupuleux et ardent, au service de tant d'infortunés sans cesse exposés au trépas.

La paix rétablie, l'Eglise de France songea sans nul délai à réparer ses ruines. Hélas ! pour commencer cette œuvre, elle n'avait à sa disposition que les restes mutilés de ses confesseurs et de ses martyrs ; mais il est vrai que la persécution avait communiqué aux ressources de leur zèle une merveilleuse fécondité. Quels ouvriers, en effet, Messieurs, que ceux qui seuls, comme ils l'étaient d'abord, ont poussé si loin ce travail de défrichement ! Et nous, qui ne sommes entrés dans le champ du père de famille, que lorsque déjà on liait des gerbes, ne sommes-nous pas mis sur la voie de la plus facile allusion, quand nous lisons dans l'Evangile ces paroles du Sauveur : « Je vous ai » envoyés moissonner ce qui n'est point venu de votre travail ; » d'autres avaient travaillé, et vous, vous êtes entrés dans » leurs travaux ? » *Ego misi vos metere quod vos non laborastis : alii laboraverunt, et vos in labores eorum introistis.* (Joan. IV, 58.) Oui, c'étaient vraiment des ouvriers d'un travail utile et singulièrement profitable, ces vénérables prêtres, qui, après les maux de la religion et de la patrie, après leurs incroyables souffrances à eux-mêmes, ont commencé, dans notre pays, nouveaux Esdras et nouveaux Néhémies, à relever les murs du saint temple et de la cité sainte : Dieu, qui les avait prédestinés à cette œuvre excellente, leur avait donné les qualités nécessaires pour la bien remplir. Si la chaire sacrée aimait plus les noms propres, ici, Messieurs, je pourrais en citer. Mais qui de nous, en interrogeant ses souvenirs, et en repassant ses impressions, ne se félicite d'avoir eu sous les yeux dans sa jeunesse, à l'âge où se fait l'éducation de l'homme, certains types remarquables à l'aide desquels il a pu former, pour le reste de sa vie, ses jugements et ses idées ; or ces types précieux ne nous étaient-ils pas fournis, à nous surtout jeunes lévites d'alors, par les anciens du clergé ? Vraies pierres angulaires, les vétérans du sanctuaire ont contribué, pour une part immense, à relier les temps présents aux temps passés ; et, que de traditions saines et utiles se sont conservées par eux ! Dans notre siècle léger, frondeur, inconstant, sceptique, nous-mêmes, Messieurs, pardonnez-moi ce doute, aurions-nous eu tous la foi nécessaire dans les doctrines de l'autorité et du respect, si, de bonne heure, ces hommes vénérables, sur lesquels s'était faite, d'une façon si cruelle, l'épreuve de l'esprit de renversement et de nouveauté, ne nous eussent montré dans leur personne des modèles de la gravité d'autrefois, de la prudence dans le faire et le parler, du respect envers toute supériorité, de l'esprit de convenance et d'égards mutuels, enfin d'exquise honnêteté ?

Doué d'une très grande flexibilité de dispositions, M. Hervé, après le rétablissement de la paix, reçut successivement, et en peu d'années, un assez grand nombre de missions, dont le succès justifia toujours la confiance dont l'honoraient ses supérieurs. Ainsi nous le voyons d'abord se joindre à M. Mongazon, pour rétablir le collége de Beaupreau ; puis de là il est envoyé pour desservir la paroisse du Mesnil-en-Vallée. Il en sort, au retour de l'ancien curé, et est envoyé vicaire à Saint-Pierre de Saumur, où, entre autres mérites, brille en lui, aux yeux d'un plus grand nombre, avec une distinction marquée, le talent de la prédication. Enfin, en 1805, et malgré l'opposition de sa modestie, qui craignait la responsabilité curiale, on le nomme curé de la Potherie.

Je pourrais et devrais peut-être, mes Frères, m'arrêter ici. Car que vous dirai-je désormais, qui soit plus propre à vous édifier que vos propres souvenirs ? Mais, je le sais, nous aimons qu'on nous parle de l'objet de nos souvenirs. Que ne puis-je au moins vous entretenir ici dignement de l'objet des vôtres ! Ce serait mon ambition.

D'abord, quel a été le caractère spécial du ministère de M. Hervé parmi vous, c'est-à-dire, le genre particulier de son travail pour la culture et la sanctification de vos âmes ? Car chaque ouvrier spirituel a ses moyens propres, quoique la vérité qu'il a mission d'enseigner et de faire pratiquer soit toujours la même ; et prétendre qu'il n'y ait absolument pour arriver au bien qu'un même sentier, ou qu'une seule manière de cheminer dans la même voie, c'est méconnaître la diversité des dons de Dieu, et les ressources si multipliées de sa providence. On pourrait exprimer la vérité sur ce point par ces paroles de l'apôtre saint Paul : « Il y a diversité de dons spirituels, mais il » n'y a qu'un même esprit... C'est un seul et même esprit, qui » opère toutes ces choses, distribuant à chacun, selon qu'il » lui plaît ; » *Divisiones verò gratiarum sunt, idem autem spiritus... Hæc autem omnia operatur unus atque idem spiritus, dividens singulis prout vult.* (I. Cor. xii, 4 et 11.) M. Hervé travaillait comme un homme tourmenté d'une préoccupation, naturelle en qui a vu tant de ruines, c'est qu'il fallait construire solidement. De là, chez lui, l'attention scrupuleuse et marquée à creuser bien avant les fondements de l'édifice, et à en lier toutes les parties avec un fort ciment, ce qui donnait à son travail un caractère particulier de précaution et d'action circonspecte. Mais on s'estime heureux plus tard, quand ce premier travail est achevé ; et l'édifice construit sur de tels fondements , pourra, souvent , jusqu'à ses combles les plus élevés , défier les vents et la tempête.

Oui , M. Hervé , pour faire une œuvre solide , la cimentait avec le soin le plus attentif et le plus diligent. Assidu , autant qu'on peut l'être, et tant que ses forces le lui permirent , au tribunal de la pénitence , il était loin de trouver dans cette assiduité un motif ou une occasion de négliger le ministère si important et si efficace de la sainte parole. Quoique déjà depuis plusieurs années, son grand âge et ses infirmités l'eussent mis hors d'état de remplir avec suite ce ministère , qu'il aimait , parce qu'il en sentait l'importance et la vertu salutaire , vos souvenirs ne sont-ils pas encore aujourd'hui assez vifs, pour que je puisse les invoquer, et vous demander s'il n'est pas vrai que sa parole était d'une convenance et à la fois d'une lucidité remarquable , ne laissant rien d'obscur de ce qu'il se proposait de vous faire connaître , si elle n'était pas inspirée par l'amour de vos âmes , en même temps que par une parfaite connaissance de leurs besoins ? Il est vrai que celui qui vous parle en ce moment , l'a peu entendu dans la chaire. Toutefois il l'a entendu assez, pour être capable d'en porter , par lui-même, sur ce point, un jugement conforme au vôtre. Une fois entre autres, c'était en 1857, à l'installation, comme curé de Combrée, d'un prêtre pour tous de sainte et douce mémoire , de M. Buisson , mort curé de Torfou , j'eus le bonheur d'entendre M. Hervé , parlant en chaire sur le sujet même de la cérémonie. Et comme au sortir de l'église , je m'ouvrais de mes impressions à un jeune ecclésiastique d'un mérite distingué : « En effet, me dit celui-
» ci, quelle élévation et à la fois quelle simplicité ! Serait-il
» possible d'inspirer une idée plus grande de la mission du
» Curé ? Je vous avoue que si le ministère paroissial n'avait

» pas eu jusqu'ici tout mon respect et toutes mes sympathies,
» il les aurait à partir d'aujourd'hui. »

Mais M. Hervé, éminent encore par l'humilité et la défiance de lui-même, n'attendait que du ciel la bénédiction, qui devait féconder ses efforts, et on peut le citer avec assurance comme un parfait modèle de la prière fervente et continuelle. Votre imagination et votre mémoire, mes Frères, garde sans doute une empreinte ineffaçable de l'air si touchant de piété, que respiraient les traits et le maintien de ce vertueux prêtre, quand il était dans le lieu saint. Pour nous, plus d'une fois nous nous sommes plu à le contempler au saint autel savourant les paroles de la prière, annonçant par tout son extérieur les sentiments de la religion la plus profonde et de l'anéantissement complet de lui-même, en présence de l'adorable victime. Hors de l'église, dans le chemin, dans sa chambre, vous l'eussiez vu, le plus souvent, occupé à prier, lorsqu'il ne l'était pas à l'étude, qui faisait aussi ses délices. Mais ce qui est digne de toute notre admiration, et peut être proposé à tous, comme un exemple éminemment salutaire, c'est que sa piété si tendre, si délicate, si parfaite, s'est conservée dans toute sa ferveur, je voudrais dire plus, dans toute sa fraîcheur et sa pureté première, jusqu'au dernier moment, c'est-à-dire jusqu'au terme d'une vie de 89 ans. Oui, jusque dans les derniers jours de cette longue carrière, on a pu voir le vénérable vieillard accablé, quant au corps, sous le poids des ans et des infirmités, justifier pleinement, quant à la fidélité et à l'élan de l'ame, dans les devoirs et les exercices de la piété, les paroles citées au commencement de ce discours : *Usque ad senectutem permansit illi virtus*; « Sa vigueur se conserva jusque dans la vieil-
» lesse. » (Eccl. xlvi, 11.) Et on le voyait ponctuel dans l'o-

raison, les examens de conscience, les pieuses lectures, en un mot, dans toutes ces saintes pratiques, qui, au début, avaient si bien discipliné en lui l'esprit et le cœur du jeune séminariste. Exemplairement docile aux leçons des maîtres de la piété, M. Hervé, même sous les glaces de la vieillesse, eût craint, en étant moins fidèle, d'encourir l'effet de cette menace de l'Esprit-Saint : « Celui qui néglige les petites choses, tombera peu à » peu ; » *Qui spernit modica, paulatim decidet.* (Eccl. xix, 1.) A cet égard, il eût bien moins craint de dépasser les bornes du devoir et de la prudence, que de rester en deçà ; et ce prêtre d'une vie si pure eût pu même, sur ce point, paraître s'assujettir à trop de précautions, si nous ne savions qu'il est assez ordinaire aux saints d'en user de la sorte, qu'un saint Charles-Borromée, par exemple, se confessait chaque jour, avant de monter au saint autel.

La grâce et la piété ont, dans M. Hervé, admirablement dirigé et perfectionné la nature, et ce qui, autrement, eût pu être l'occasion d'un défaut, n'a servi qu'à rendre en lui la vertu plus aimable. Ainsi, nous savons qu'il possédait, à un degré remarquable, le talent d'observation et d'imitation. Or les hommes de cette trempe, quand ils ne sont pas assez vertueux, sont redoutables dans la société. La finesse et le tact, dont ils sont doués, leur font voir, comme par intuition, les défauts et les ridicules des autres, au point que ceux-ci, bien souvent, ne se sentent plus devant eux que comme des hommes jugés, condamnés et exposés sans défense aux traits de leur malice et de leur persifflage. Mais combien M. Hervé, avec sa gaieté spirituelle et fine, était loin de se permettre sciemment aucune saillie désobligeante pour les autres. Conformément à la doctrine de saint François de Sales, qui en ce point, comme en tout le

reste, pratiquait si bien ce qu'il enseignait, il mettait les ressources de sa gaieté, dans la conversation, tout entière et uni-
quement au service de la charité; c'est-à-dire qu'il ne donnait
de carrière à son esprit et à ses saillies que ce qu'il en fallait
pour le plaisir innocent de ses interlocuteurs; mais telle était sa
délicatesse de conscience, que, loin d'offenser lui-même les lois
de la charité, il se fût visiblement alarmé, troublé, si d'autres
devant lui, même simplement par surprise, eussent porté la plus
légère atteinte aux lois de cette vertu. Le naturel de M. Hervé
le portait en outre aux vivacités et aux impatiences; or quand
il sentait quelque mouvement de cette promptitude s'élever en
lui, il prenait le parti d'en rire d'une manière aimable, et
tournait lui-même son émotion en plaisanterie. A l'aide de cette
force, et j'oserais dire aussi de cette habileté de vertu, nous
pouvons vivre avec des hommes de caractère bien différent du
nôtre, et imiter, avec beaucoup de perfection et de mérite,
l'exemple du grand apôtre, qui, comme il nous le dit lui-même,
savait se faire tout à tous; *omnibus omnia factus sum.* (I. Cor.
IX. 22.) Il serait difficile de suivre plus fidèlement un tel modèle
que ne l'a fait M. Hervé. Aussi, des nombreux vicaires qu'il a
eus dans le cours de sa longue carrière, il n'en est pas un seul
qui, du fond du cœur, en toute occasion, ne rende hommage
à l'amabilité de son caractère et à la facilité de ses rapports.

Tel fut, mes Frères, le saint prêtre, dont la mort dernièrement a jeté le deuil dans cette paroisse. Toutefois dans vos
regrets vous n'avez point été tentés d'accuser le Ciel « J'ai plus
» à me féliciter, » disait autrefois saint Ambroise, pour se
consoler de la mort de son frère Satyre, « j'ai plus à me féliciter
» d'avoir eu un frère si bon et si parfait, qu'à pleurer pour
» l'avoir perdu; car, en me le donnant, le Ciel m'avait accordé

» une faveur, tandis que la mort est une dette qu'il nous faut
» payer[1]. » Vous non plus, mes Frères, parmi vos regrets,
vous n'avez point omis les actions de grâces ; vous en devez trop
au Ciel pour vous avoir traité avec une libéralité de choix,
lorsqu'il vous donna M. Hervé. Peut-être ignorez-vous qu'on
vous a souvent envié le trésor que vous possédiez, et que, jusqu'à cinq fois différentes, M. Hervé fut pressé d'accepter des
postes dans lesquels, assurément, il n'eut paru ni déchu du côté
du rang, ni moins honoré de la confiance de ses supérieurs. Mais
il avait voué, à ses paroissiens de la Potherie, son cœur, ses af-
fections, sa vie tout entière ; et son dernier comme son premier
mot, sans préjudice toutefois du devoir sacré de l'obéissance
envers son Evêque, fut toujours que ses os reposeraient ici
parmi ceux de vos parents, de vos enfants, et parmi les vôtres.

Le Ciel, mes Frères, pour préparer d'avance un adoucissement
à vos regrets a fait parcourir à votre pasteur une très longue
carrière, de telle sorte que sa mort dût vous paraître plus ma-
nifestement un effet de la nécessité commune. Mais il a voulu
faire plus encore pour votre consolation. Car du vivant et sur
la demande de M. Hervé, et ce saint vieillard demeurant toujours au milieu de vous, un digne successeur lui a été donné,
jeune vieillard par la prudence et plein de l'ardeur de la jeunesse[2].
Durant le temps, il est vrai, que M. Hervé a survécu parmi vous
à son titre et à ses fonctions de Curé, le spectacle de ses vertus
était encore pour vos âmes une source abondante de jouissances

---

[1] *Lœtandum est magis quòd talem fratrem habuerim, quàm dolendum
quòd fratrem amiserim ; illud enim munus, hoc debitum est.* (De exces.
frat. Lib. I, n° 3.)

[2] M. l'abbé Hayau, auparavant vicaire à Baugé, puis curé d'Épieds.

et de grâces; c'était comme l'ombre des apôtres, qui avait à elle seule la vertu de guérir. Vous étiez édifiés en voyant que ce saint vieillard, loin d'éprouver dans sa retraite, la moindre tristesse d'envie, mettait au contraire à voir réussir son digne successeur, cette complaisance, qui distingue les âmes élevées. Voilà ce qui se passait sous vos yeux et ce qui vous procurait des jouissances sans doute aujourd'hui dignes de regrets. Mais enfin, pendant ce temps-là aussi, vous appreniez à voir, dans le successeur de M. Hervé, le vif reflet des vertus, qui si longtemps vous avaient édifiés et vous édifiaient encore, et jetant les yeux tour à tour sur le modèle vivant et sur l'image vivante, vous reconnaissiez de plus en plus la ressemblance qui les unissait. Ainsi quand le moment fatal est arrivé, vous n'avez point senti s'interrompre pour vous la chaîne des faveurs célestes, et aujourd'hui il peut vous sembler que M. Hervé se survit à lui-même.

Si ces pensées ne peuvent éteindre entièrement nos regrets, au moins que ces regrets ne soient pas stériles, et qu'en gravant dans nos âmes l'image de la mort, ils y gravent aussi la grande leçon qu'elle nous donne. Peu d'entre nous verront sur la terre d'aussi longs jours que M. Hervé, mais tous nous mourrons et entrerons comme lui dans l'Éternité. Lui, il est mort dans une heureuse vieillesse, plein de jours, et pourquoi n'ajouterions-nous pas avec le texte sacré : plein de gloire[1] ? Car, quelle plus grande gloire que celle d'une longue carrière semée d'épreuves, et cependant passée tout entière sans tache et dans l'exercice de la plus pure vertu ? Il y a douze ans, vous pouvez vous en sou-

---

[1] *Mortuus est in senectute bona, plenus dierum.... et gloria.* (I. Paral. XXIX, 28)

venir , Messieurs , et vous aussi, mes Frères, cette Église vit une touchante cérémonie. M. Hervé avait réuni ses confrères et ses chers paroissiens, pour célébrer avec eux le cinquantième anniversaire de son ordination de prêtre. Ah ! je vois encore ce vénérable patriarche conduit à l'église sous le dais , car vous aviez voulu lui faire un triomphe , un cierge à la main, le visage rayonnant d'une douce et pieuse joie , où se peignait sa reconnaissance envers Dieu ; j'entends encore prêtres et laïques, à la vue de ce vieil athlète de la foi, de ce prêtre toujours si pur , murmurer tout bas et avec un pieux respect : « Quel bon et » saint vieillard ! » Après la cérémonie religieuse , un banquet fraternel nous réunit au presbytère. Là se trouvait un personnage, qui a légué à ses enfants des exemples de foi et de piété, ce qui vaut bien mieux encore qu'un grand nom et des richesses. C'était le brave général comte de la Potherie. Or , parmi les gloires humaines, le général de la Potherie avait vu de près, et même goûté personnellement celle qui frappe le plus l'imagination , la gloire des champs de bataille Mais déjà depuis quelque temps, il s'était retiré dans la paix de Dieu, comme dans un port tranquille, et là il se sentait heureux dans la possession du vrai. Au sein de la fête, que je mentionne , nous le voyions sympathique à tous nos sentiments de chrétiens et de prêtres , et si, en ce jour où nous célébrions cinquante années d'un sacerdoce pur et fidèle, vous lui eussiez demandé son jugement sur les deux voies opposées que l'homme peut suivre ici-bas , ah! je n'en fais aucun doute, ce noble cœur, cet homme si loyal et si franc, se rappelant les leçons de sa pieuse mère et interrogeant ses sentiments présents, vous eût répondu : « Vous pouvez en croire ma parole, » je vous l'affirme sur l'honneur, il n'y a rien de beau, de grand, » de glorieux, comme de savoir se vaincre soi-même, pour obéir

» toujours aux saintes lois de Dieu. Oui, c'est une grande gloire
» de suivre le Seigneur. » *Bonum est obsequi sancto Deo.
Gloria magna est sequi Dominum.* (Eccli. XLVI, 12, et XXIII, 58)

Or donc, mes Frères, ce saint prêtre dont le général de la
Potherie eût fait ainsi l'éloge, il est mort comblé d'années,
après des jours pleins et dans le calme d'une conscience pure.
Et même, après l'avoir fait passer par beaucoup d'épreuves,
durant une longue traversée, Dieu, dans sa bonté, lui a ménagé
de rencontrer peu de rescifs à l'entrée du port. Il est mort dans
les consolations de la Foi et de l'Espérance. Comment mour-
rons-nous ? Question terrible assurément ! mais néanmoins question facile à résoudre. Si nous le voulons, nous mourrons dans
le Seigneur ; mais il nous faut le vouloir, et le vouloir sans re-
tard et sans relâche. Car comme nous ne savons ni le jour ni
l'heure, le moindre délai et la première inconstance peuvent
tout compromettre. Pourquoi sur ce point s'arrêter aux ques-
tions et aux doutes, sans aller jamais plus loin ? Pourquoi entretenir ainsi dans son cœur une inquiétude et des terreurs
stériles ? Pourquoi regarder sans cesse autour de soi, comme si
on n'attendait son salut que du dehors, et qu'il pût s'opérer
sans notre correspondance à la grâce divine et la décision de
notre volonté ? Décidons-nous donc et agissons ; rien sans cela ;
mais aussi tout est là. Le spectacle d'une vie sainte ne nous laisse
point sans émotion ; mais ne nous arrêtons pas à une vaine
complaisance de l'imagination et du sentiment. Passons à l'imitation ; traitons-nous avec la diligence et la sévérité que Dieu
veut ; mettons ordre à toutes les affaires de notre conscience ;
disposons tout comme des gens qui partent pour ne point reve-
nir. Dans le fait, à chaque instant nous pouvons entrer dans
l'éternité, et on ne revient point de ce rivage. Entrons-y par

anticipation , en nous dégageant de suite de toute affection qui pourrait déplaire à Dieu. Nous n'aurons la paix dans notre âme qu'à cette condition ; mais à cette condition , nous en jouirons infailliblement , et dans cette paix nous aurons sur la terre un avant-goût du bonheur céleste.